Coleção Segredos da Mente Milionária

COMO
24 VIVER
HORAS
POR DIA

ARNOLD BENNETT

Coleção Segredos da Mente Milionária

COMO 24 VIVER HORAS POR DIA

Tradução
Silvia Maria Moreira

Principis

Esta é uma publicação Principis, selo exclusivo da Ciranda Cultural
© 2021 Ciranda Cultural Editora e Distribuidora Ltda.

Traduzido do original em inglês
How to live 24 hours a day

Texto
Arnold Bennett

Tradução
Silvia Maria Moreira

Preparação
Fátima Couto

Revisão
Agnaldo Alves

Diagramação
Linea Editora

Produção editorial
Ciranda Cultural

Design de capa
Ana Dobón

Imagens
Kamieshkova/Shutterstock.com;
Canoneer/Shutterstock.com;
inamar/Shutterstock.com;
Overearth/Shutterstock.com;
GoodStudio/Shutterstock.com;
ArtMari/Shutterstock.com;
Pavlo S/Shutterstock.com;
Singleline/Shutterstock.com;
Iconic Bestiary/Shutterstock.com;
SantaLiza/Shutterstock.com

Dados Internacionais de Catalogação na Publicação (CIP) de acordo com ISBD

B471c   Bennett, Arnold

Como viver 24 horas por dia / Arnold Bennett; traduzido por Silvia Maria Moreira. - Jandira, SP : Principis, 2021.
96 p. ; 15,50cm x 22,60cm. (Segredos da mente milionária)

Título original: How to live 24 hours a day
ISBN: 978-65-5552-571-7

1. Autoajuda. 2. Desenvolvimento. 3. Facilidade. 4. Crescimento. 5. Organização. 6. Otimismo. I. Moreira, Silvia Maria. II. Título.

CDD 158.1
2021-0038   CDU 159.92

Elaborado por Lucio Feitosa - CRB-8/8803

Índice para catálogo sistemático:
1. Autoajuda : 158.1
2. Autoajuda : 159.92

1ª edição em 2021
www.cirandacultural.com.br

SUMÁRIO

PREFÁCIO
DESTA EDIÇÃO

Como todo prefácio, este se encontra no início do livro, mas deveria ser lido por último.

Recebi muitas correspondências sobre este pequeno trabalho, e um sem-número de resenhas e críticas foram publicadas, algumas quase tão longas quanto o próprio livro. Poucos foram os comentários desfavoráveis. Algumas pessoas abordaram o tom um tanto informal que utilizei, mas este não é, na minha opinião, nem um pouco trivial. Essa crítica não me impressionou, e se nenhum comentário mais forte tivesse sido feito, eu quase teria me convencido de que o livro é impecável!

No entanto, houve uma crítica mais séria, não pela imprensa, mas feita por vários leitores bem sinceros, de modo que é necessário que eu fale sobre isso. Há uma referência nas páginas 39-40 mostrando que eu já previa e temia esse tipo de reprovação. A frase que gerou protestos é a seguinte: "Na maioria das vezes ele [o homem comum] não é apaixonado por seu trabalho; na melhor das hipóteses, não desgosta dele. Ele inicia suas atividades com certa relutância, protelando-as ao máximo, e as termina assim que pode, e é nesse momento que se sente feliz. Além disso, seus motores, enquanto está ocupado com os negócios, raramente funcionam com força total".

Sendo sincero, estou certo de que existem muitos executivos, não apenas aqueles em cargos altos ou com boas perspectivas, mas também subordinados mais simples, sem esperança alguma de se saírem melhor na vida, que de fato gostam do que fazem, não evitam o trabalho, não chegam muito atrasados e não terminam assim que podem; em outras palavras, esforçam-se ao máximo durante o horário diário de trabalho e ficam realmente exaustos ao final do expediente.

Estou pronto para acreditar nisso. Acredito nisso. Sei que é verdade. Sempre soube. Tenho vasta experiência de longos anos como subordinado em empresas, tanto em Londres quanto nas cidades menores, e durante todo esse tempo de trabalho percebi que muitos dos meus colegas demonstravam uma verdadeira paixão pelo que faziam, e, enquanto ocupados, estavam *vivendo* plenamente.

Ainda estou convencido de que esses felizes e afortunados indivíduos – talvez mais felizes do que imaginavam – não são nem constituem a maioria dos homens, longe disso. Continuo convencido de que a maioria dos homens médios de negócios conscienciosos e decentes (homens com aspirações e ideais) não voltam para casa à noite exaustos de verdade. Estou certo de que eles não se dedicam ao extremo, apenas o mínimo do que conscientemente poderiam se dedicar, a ganhar o sustento da vida. Além disso, para a maioria deles, a vocação mais os entedia do que lhes interessa.

Ainda assim, admito que a minoria é relevante o suficiente para merecer atenção, e que eu não deveria tê-la ignorado tão completamente como o fiz. Toda a dificuldade da minoria trabalhadora foi traduzida em uma frase informal por um de meus correspondentes: "Como qualquer outra pessoa, estou disposto a 'fazer algo além da minha rotina', mas permita-me dizer que, quando chego em casa às seis e meia da tarde, não tenho tanto ânimo quanto o senhor imagina".

É preciso ressaltar que o caso da minoria dos homens que se entrega com paixão e com gosto ao trabalho é infinitamente menos lamentável do que o caso da maioria, aquela que atravessa de forma titubeante e desanimada os dias de trabalho. O primeiro grupo não precisa tanto de conselhos sobre "como viver". De qualquer forma, durante o expediente, digamos, de oito horas diárias, esses homens estão de fato vivos e com os motores funcionando a todo vapor. As outras oito horas de trabalho de seus dias podem ter sido mal organizadas ou até mesmo desperdiçadas, mas é menos desastroso perder oito do que dezesseis horas por dia.

Melhor ter vivido um pouco do que nada. A verdadeira tragédia é a daquele que não se esforça nem no escritório, nem fora dele.

É para essa pessoa em especial que este livro é dirigido. "Porém", dizem os mais afortunados, "apesar de a minha rotina de trabalho ultrapassar as oito horas normais, ainda quero superá-la! Estou vivendo pouco perto do que desejo viver. Acontece que não conseguiria acrescentar outro turno ao meu dia normal de trabalho."

Na verdade, eu deveria ter me focado mais naqueles que já tinham interesse em aproveitar melhor seu tempo.

O apetite pela vida é sempre maior naqueles que já experimentaram seu sabor e querem continuar a saboreá-lo. Da mesma forma que aquele que nunca sai da cama é o que tem mais dificuldade para se levantar.

Bem, vocês, da minoria, trabalham muitas horas para garantir o sustento diário e talvez não consigam colocar em prática as sugestões das próximas páginas. Algumas delas, talvez. Admito que vocês não consigam aproveitar o tempo gasto no trajeto para casa à noite, mas a sugestão de como aproveitá-lo é viável tanto para vocês quanto para qualquer outra pessoa. E o intervalo semanal de quarenta horas de sábado a segunda-feira é igual ao de qualquer outro, apesar de que um pouco do cansaço residual pode evitar que todas as energias sejam gastas para aproveitá-lo. Aí está, então, a importância das três ou mais noites por semana. Você pode ser categórico ao afirmar que está muito cansado para fazer qualquer coisa que fuja do habitual. A isso respondo, enfático, que se seu dia normal de trabalho for tão extenuante assim, sua vida está desequilibrada e precisa ser ajustada. Uma pessoa não deve concentrar toda a sua energia em uma jornada comum de trabalho. Então, o que se pode fazer?

O mais óbvio seria usar um artifício para driblar o entusiasmo de um dia normal de trabalho. Empregue suas energias em algo fora do normal antes – e não depois – de aplicá-las em sua rotina. Resumindo, saia da cama antes do que está acostumado. Você pode dizer que é impossível ir dormir mais cedo porque isso prejudicaria todo o ritmo de sua casa. Não acredito que seja tão difícil assim. Acho que se você insistir em se levantar antes e por isso sentir que não dormiu o suficiente, logo encontrará uma maneira de se deitar mais cedo. Creio que a consequência de acordar mais cedo não seja insuficiência de sono. Tenho a impressão, reforçada a cada ano que passa, de que o sono é, em parte, uma questão de hábito e de preguiça também. Estou certo de que a maioria das pessoas dormem durante uma certa quantidade de horas porque não têm nenhuma outra coisa para fazer. Você sabe quantas horas de sono tem um motorista saudável, um daqueles que dirigem diariamente as vans de transporte para cima e para baixo? Consultei um médico para descobrir, uma pessoa com 24 anos de profissão e larga experiência em clínica geral em um grande e próspero subúrbio de Londres, habitado por pessoas exatamente iguais a você e eu. Por ser um homem direto, a resposta foi curta: "As pessoas dormem até emburrecer".

Prosseguiu opinando que nove em cada dez homens teriam uma saúde melhor e se divertiriam mais na vida se passassem menos tempo na cama.

Outros médicos concordam com essa opinião – que, claro, não se aplica aos jovens.

Levante-se uma hora, uma hora e meia ou até duas horas mais cedo e, se precisar, recolha-se assim que puder. Se achar que trabalhará mais, saiba que você produzirá em uma hora pela manhã o mesmo que em duas horas à noite. Você ainda poderia argumentar que não conseguiria começar o dia sem se servir de alguma coisa para comer. Claro, prezado senhor, em tempos em que excelentes fogões pequenos (incluindo a panela) podem ser comprados a um preço baixo, não permita que seu bem-estar dependa da cooperação imediata de outra criatura! Melhor instruir quem quer que seja a deixar uma bandeja pronta à noite com dois biscoitos, uma xícara, um pires, uma caixa de fósforos e uma panela sobre o fogão com a tampa virada para cima, onde deve estar um pequeno bule com a quantidade certa de folhas de chá. Você só precisará acender um fósforo, e pronto.

A água ferverá em três minutos; despeje-a no bule, que a essa altura já deve estar aquecido. Mais três minutos e seu chá estará pronto. Comece o dia apreciando-o. Detalhes assim podem parecer triviais para os incautos, mas não para os prudentes. O equilíbrio adequado e inteligente de uma vida inteira pode depender da disponibilidade de uma xícara de chá na hora certa.

A. B.

O MILAGRE DIÁRIO

"Tudo é possível com tempo; sem ele, nada."

"**I**sso mesmo, ele é um daqueles que não sabe como gerenciar a própria vida. Tem uma situação boa. Ganha o suficiente para bancar luxos e necessidades. Sem muita extravagância. Ainda assim, está sempre em dificuldades. Não se sabe como, mas seu salário não rende. Possui um apartamento excelente, porém quase vazio! A impressão é que acabou de recebê-lo dos corretores de imóveis. Terno novo, chapéu velho! Gravata magnífica, calças largas. Convida para jantar e serve carne de carneiro ruim em louça fina, ou café turco em xícaras lascadas! E não consegue explicar como torra o salário. Eu gostaria de ter a metade do que ele tem! Mostraria como o dinheiro deve ser gerenciado…"

Acho que cada um de nós já criticou alguém assim em algum momento do alto de nossa superioridade.

Somos todos ministros de finanças, a soberba atual. Existem inúmeros artigos de jornais explicando como viver com esse ou aquele salário, e a grande repercussão dessas matérias prova o interesse que suscitam. Uma matéria recente em um jornal diário sobre a viabilidade de uma mulher viver bem no país com 85 libras por ano causou grande polêmica. Já vi um estudo sobre "Como viver com alguns centavos por semana", mas nenhum intitulado "Como viver 24 horas por dia". E ainda dizem que tempo é dinheiro. Esse provérbio minimiza a questão. Tempo é muito mais do que matéria física. Em geral, se você tem tempo, conseguirá amealhar uma fortuna. Mesmo que possua o patrimônio do encarregado da recepção do Carlton Hotel, não terá o suficiente para comprar um minuto a mais do meu tempo, ou do tempo do gato deitado diante da lareira.

Os filósofos já explicaram a noção de espaço, mas não de tempo, a inexplicável matéria-prima de tudo. Tudo é possível com tempo; sem ele, nada. O suprimento de horas é um verdadeiro milagre diário, um assunto deveras espantoso, se examinado. Você acorda e... pasme! Como em um passe de mágica, sua bolsa estará carregada de 24 horas entremeadas no tecido universal da sua vida! É tudo seu. Essas horas constituem a posse mais preciosa de alguém. Um bem único despejado sobre você de um jeito tão singular quanto ele próprio! Preste atenção, ninguém pode tirá-lo de você! Nem roubá-lo. E não existe nem uma pessoa sequer que receba mais ou menos do que você.

Estamos falando de uma democracia ideal! No âmbito temporal, não existe aristocracia de riquezas e nem de intelecto. A genialidade nunca será premiada com uma hora sequer a mais no dia. E não há castigo. Gaste quanto quiser do seu bem infinitamente precioso, e nunca ficará sem estoque. Não há um poder misterioso que declare: "Este homem é um tolo, senão um perdulário; não merece o tempo de que dispõe, e por isso seu relógio deve ser parado".

O tempo é mais garantido do que os títulos do governo, e o pagamento dos juros ocorre inclusive aos domingos. Além disso, não se pode sacar créditos futuros. Impossível ficar endividado. Você só pode gastar o que possui no momento presente e não no futuro; esse crédito está assegurado. Não se pode despender a próxima hora, pois ela já é sua.

Não é mesmo um milagre, como eu já havia dito?

Você precisa viver as 24 horas do dia e extrair saúde, prazer, dinheiro, contentamento, respeito e evolução de sua alma imortal. Este é o uso correto do tempo, o mais eficiente; trata-se de uma questão da maior urgência e da realidade mais emocionante. Tudo depende disso. A felicidade, o prêmio mais esquivo, ao qual todos almejamos, meus caros, depende disso. Estranho que jornais tão empreendedores e atualizados não estejam repletos de artigos sobre como viver determinado espaço de tempo em vez de apenas textos a respeito da maneira de viver com certa quantia! O dinheiro é muito

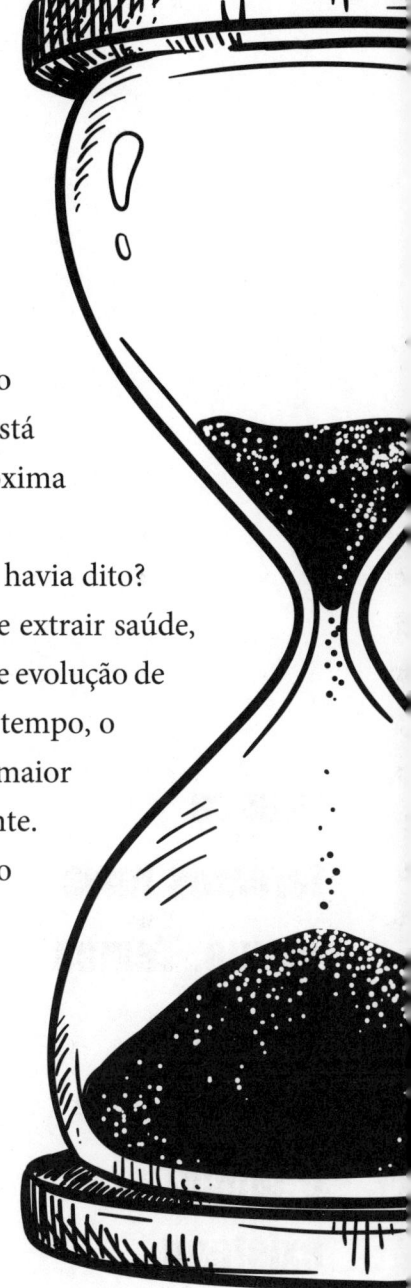

mais comum do que o tempo. Ao refletir melhor, percebemos que o dinheiro é o que há de mais ordinário, e sobrecarrega a Terra aos montes.

Se alguém não consegue viver com certa renda, procura ganhar um pouco mais, rouba ou empenha-se em aumentá-la de outra forma. Uma pessoa não necessariamente complica a vida por não conseguir se manter com um salário mínimo, mas arregaça as mangas e dá um jeito de fazer o dinheiro render, equilibrando o orçamento. Por outro lado, terá sérios problemas caso não seja possível se virar com 24 horas por dia para cumprir o que for necessário. Embora seja gloriosamente invariável, o tempo é muito restrito.

Quem de nós vive as 24 horas do dia? E quando digo "vive", não me refiro a existir e nem a "enrolar". Quem de nós está livre daquela sensação incômoda de que as "áreas mais dispendiosas" do nosso cotidiano não são administradas como deveriam? Quem pode ter certeza de que um chapéu feio não está arruinando um terno bem cortado, ou de que a preocupação maior se restringiu à louça e não

"Nunca teremos mais tempo. Temos e sempre tivemos todo o tempo existente."

à qualidade da comida? Quem não vem repetindo sempre: "Vou dar um jeito nisso quando tiver um pouco mais de tempo"?

Nunca teremos mais tempo. Temos e sempre tivemos todo o tempo existente. Foi a compreensão dessa verdade absoluta e negligenciada (que, a propósito, não fui eu que descobri) que me levou ao exame prático do tempo gasto por dia.

O DESEJO DE SUPERAR A PRODUÇÃO DIÁRIA

"EI, O QUE VOCÊ FEZ COM SUA JUVENTUDE? O QUE ESTÁ FAZENDO COM SEUS ANOS DE VIDA?"

"**M**as", alguém pode comentar, com o típico desdém inglês para tudo o que não for o centro da questão, "aonde ele pretende chegar com suas 24 horas por dia? Não tenho dificuldade alguma em viver com essa quantidade de tempo. Faço tudo o que quero e ainda encontro tempo para ler os jornais. Não é difícil contentar-se com esse fato, sabendo que o dia só tem 24 horas mesmo.

Peço-lhe desculpas, prezado senhor. O senhor é exatamente a pessoa que venho procurando há cerca de quarenta anos. Seria possível me informar seu nome, endereço e especificar quanto cobraria para me ensinar como isso é possível? Em vez de eu me dirigir ao senhor, faríamos o contrário. Enquanto não nos conhecemos, continuarei a conversar com meus companheiros de angústia, um incontável número de almas penosamente assombradas pela sensação de que os anos sempre passam voando, escapando-lhes do controle, cientes de que ainda não conseguiram organizar a vida direito.

Se analisarmos tal sensação, perceberemos que não passa de uma certa inquietude, expectativa e ansiedade. É como uma fonte de desconforto constante, pois comporta-se como um espectro durante nossas distrações. Vamos ao teatro e rimos, porém no intervalo o vemos levantar o dedo esquelético. Corremos em desespero para pegar o último trem e, enquanto amargamos uma longa espera na plataforma, o vemos desfilar os ossos para cima e para baixo diante de nós, questionando: "Ei, o que você fez com sua juventude? O que está fazendo com seus anos de vida?". Você pode insistir que essa ambição constante de estar sempre em movimento faz parte da própria vida. E não está errado!

No entanto, há níveis diferentes. Um homem pode querer ir a Meca. Seu inconsciente o impulsiona a ir. Ele viaja, com a ajuda de uma agência de viagens ou sozinho, mas talvez nunca chegue ao destino, pois pode se afogar antes de chegar a Port Said ou padecer inglório na costa do mar Vermelho, amargando o desejo frustrado para sempre. A sensação de incompletude o perturbará para sempre. Contudo, não ficará tão aborrecido quanto aquele que tem vontade de ir a Meca, é perseguido pelo desejo de viajar, mas nunca sai de Brixton.

Sair de Brixton já é uma grande coisa. A maioria de nós nunca saiu. É provável que nem tenhamos tomado um táxi até Ludgate Circus para orçar uma viagem em uma agência de turismo. E a desculpa que damos a nós mesmo é que o dia só tem 24 horas.

Acredito que, se analisarmos direito essa nossa vaga e desconfortável ambição, perceberemos que não passa de uma ideia fixa de que precisamos fazer algo mais do que nossa obrigação moral e leal. Essa obrigação se origina em vários códigos, escritos ou não, de que precisamos prover saúde e conforto a nós e

24

HORAS

"... o dia só tem
24 horas mesmo."

a nossas famílias (se houver), estar em dia com todas as contas, economizar e ser mais prósperos, aumentando nossa eficiência. Uma tarefa bem árdua! Algo que poucos de nós consegue cumprir e que quase sempre está além da nossa capacidade! E se conseguirmos, como de fato acontece de vez em quando, não ficamos satisfeitos. Aquele espectro já conhecido vai continuar nos rondando.

Ainda assim, quando nos damos conta de que tal tarefa está muito além da nossa capacidade, de que já não temos forças para suportá-la, sentimos que não estaríamos tão descontentes se nos esforçássemos mais, como se já não estivéssemos sobrecarregados demais para nos ocuparmos de outra coisa.

Isso é fato. A vontade de cumprir algo além da agenda formal é comum a todos os homens que já tiveram um certo nível de evolução.

Enquanto não fizer um esforço para saciar essa vontade, a sensação de espera incômoda para começar uma coisa nova continuará lhe tirando a paz de espírito. Esse desejo é conhecido por vários nomes. Seria uma espécie de fome universal por conhecimento, e é tão forte que os homens que dedicaram a vida a adquirir conhecimento tiveram que se superar para saciá-la. Até mesmo Herbert Spencer, na minha opinião a mente mais brilhante que já existiu, sempre se forçou a mergulhar nas agradáveis águas da investigação.

Imagino que na maioria das pessoas que têm consciência dessa gana de viver – ou seja, aquelas providas de alguma curiosidade intelectual – a aspiração de superar a rotina normal assume um sentido literário, pois identifica a vontade de embarcar no caminho da leitura. O povo britânico está decididamente lendo cada vez mais. Devo salientar que a literatura nem de longe abrange todo o campo do conhecimento, e que a incômoda sede de melhorar, de aumentar o conhecimento, pode ser saciada por algo que não seja literatura. Mais adiante lidarei com as várias formas de resolver essa questão. Por enquanto, quero apenas ressaltar, para aqueles que não têm um gosto natural por literatura, que essa não é a única forma.

CUIDADOS ANTES DE COMEÇAR

"Cuidado para não se empenhar muito logo no início. Contente-se com pouco."

Agora que consegui convencê-lo (se é que isso é verdade) a admitir que você vive assombrado pela insatisfação sufocada de organizar sua rotina, e que a causa principal desse incômodo é a sensação diária de deixar para trás algo que gostaria de ter feito, que de fato está sempre na esperança de executar quando tiver "mais tempo"; e agora que chamei sua atenção para a verdade ofuscante de que você nunca terá "mais tempo", uma vez que já possui toda a cota possível, imagino que espere que eu o apresente a algum segredo maravilhoso que lhe permita de alguma forma aproximar-se da organização ideal das suas 24 horas, e que aquela frustração diária desagradável e assombrosa das coisas por fazer desaparecerá!

Não encontrei esse segredo maravilhoso. Não espero achá-lo e nem acho que alguém consiga. Ele ainda não foi descoberto. Ao começar a seguir meu raciocínio, você deve ter sentido a esperança renascer. Talvez tenha dito a si mesmo: "Esse sujeito vai me mostrar um jeito fácil e tranquilo de fazer o que tenho almejado há tanto tempo sem conseguir alcançar". Longe de mim uma coisa dessas! Na verdade, não existe um caminho fácil, nem um atalho rápido. O caminho para Meca é extremamente difícil e cheio de pedras, e o pior é que no final das contas talvez você nunca chegue ao destino.

O mais importante, antes de começar a organizar a vida com o sonho de viver plena e confortavelmente dentro de um orçamento diário de 24 horas, é a conscientização tranquila da extrema dificuldade dessa tarefa, dos sacrifícios e do infindável esforço exigido para isso. Eu não conseguiria enfatizar como isso é imprescindível.

Se imagina conseguir fazer uma planilha de horário engenhosa, é melhor perder a esperança de vez. Caso não esteja preparado para desaprovações e desilusões, ou não se contente com um resultado ínfimo depois de um grande esforço, então nem comece. Deite-se de novo e volte ao desconfortável torpor que você chama de vida.

Não é muito triste, deprimente e sombrio? Ainda assim, creio não existe problema em sentir necessidade do forte apelo do desejo antes de realizar algo que valha a pena. Eu até gosto. Acho que essa é a maior diferença entre mim e o gato deitado diante da lareira.

"Bem", diria você, "digamos que eu esteja pronto para essa batalha, que tenha ponderado com cuidado e compreendido suas sérias considerações, por onde começo?" Prezado senhor, apenas comece. Não existe método rápido. Se alguém parado na beirada da piscina, querendo pular na água fria, perguntasse como deve começar a pular, você diria apenas: "Pule e pronto. Controle o medo e mergulhe".

Como eu já havia dito antes, a grande beleza sobre o fornecimento constante de tempo é que não se pode gastá-lo antes do previsto. Os próximos ano, dia e hora estão à sua espera, perfeitos e imaculados, como se você nunca tivesse desperdiçado ou usado de maneira errada um único segundo sequer em toda a sua carreira. Isso é muito gratificante e reconfortante. Você começar uma folha em branco sempre que quiser. Contudo, nada de ficar imóvel esperando até a semana seguinte, nem mesmo até amanhã. Você pode supor que a água estará mais quente na semana que vem. Isso não acontecerá; ao contrário, pode estar mais fria.

Mas, antes que você comece, deixe-me adverti-lo ao pé do ouvido.

O entusiasmo em acertar pode ser ilusório e traiçoeiro, pois clama para ser aproveitado. Em um primeiro momento não se consegue aplacá-lo, pois a demanda é sempre maior, além de vir acompanhada pela disposição de mover montanhas e desviar o curso dos rios, e de não se satisfazer antes da exaustão, já que pode se desgastar de repente e morrer sem nem ao menos se dar ao trabalho de informar: "Cansei".

Cuidado para não se empenhar muito logo no início. Contente-se com pouco. Deixe que os acidentes de percurso aconteçam. Permita erros de natureza humana, a sua principalmente.

Uma falha ou outra não terá importância se não afetar a autoestima ou a autoconfiança. Por sua vez, nada tem mais êxito do que o próprio sucesso, e nada falha como o fracasso. A maior parte daqueles que acabaram arruinados foi por causa das inúmeras tentativas de acertar. Tendo isso em mente, ao encarar a imensa

"O entusiasmo em acertar pode ser **ilusório** e traiçoeiro [...] **já** que pode se desgastar de repente e **morrer** sem nem ao menos se dar ao trabalho de informar: 'Cansei'."

empreitada de viver em toda a sua plenitude e conforto dentro do limite exíguo das 24 horas diárias, evite o risco do fracasso prematuro a todo custo. Nesse assunto, não concordo quando dizem que um fracasso glorioso é melhor do que um sucesso insignificante. Sou totalmente a favor de um pequeno sucesso. Um grande erro não leva a nada, enquanto a vitória, por mínima que seja, conduz a um sucesso nada insignificante.

Isso posto, vamos examinar nosso orçamento de tempo diário. Você diz que seu dia é tão cheio que chega a transbordar. Como assim? Quanto tempo você gasta trabalhando? Uma média de sete horas? Quantas horas tem de sono propriamente dito, sete? Eu seria mais generoso e acrescentaria duas horas. E agora, no calor do momento, eu o desafio a prestar contas das oito horas restantes.

A ORIGEM DOS PROBLEMAS

"... A MENTE PODE SER SUBMETIDA A ATIVIDADES DIFÍCEIS E CONTÍNUAS, POIS NÃO SE CANSA COMO UM BRAÇO OU UMA PERNA."

Para que possamos chegar a um consenso de uma vez por todas sobre todo esse contexto de gasto de tempo diário, vou escolher um caso particular para análise. Citarei apenas um, que não esteja na média, mesmo porque esta não existe, da mesma forma como não há duas pessoas na mesma situação. Todos, pessoas e casos, são especiais.

Se pegarmos o caso de um indivíduo que trabalha em um escritório, cujo expediente é das 10h às 18h e que gasta cinquenta minutos de ida e volta de casa ao trabalho, estaríamos próximos do referido caso médio, se isso for real. Há pessoas que precisam trabalhar mais para sobreviver, outras nem tanto.

Por sorte, o lado financeiro da questão não nos interessa aqui; para nossa finalidade, o funcionário que ganha uma pequena quantia por semana é tão rico quanto o milionário hospedado no suntuoso Carlton House Terrace.

O erro maior e mais grave que nosso homem típico comete em relação a sua jornada diária é a postura que assume; ela vicia e enfraquece dois terços de suas energias e interesses. Na maioria das vezes, ele não é muito apaixonado por seu trabalho;

na melhor das hipóteses, não desgosta dele. Ele começa suas funções do trabalho com certa relutância, o mais tarde possível, e as termina com alegria, o mais cedo possível. E seus motores, enquanto está ocupado com os negócios, raramente funcionam a pleno vapor. (Sei que alguns leitores ficarão indignados e me acusarão de ter descrito o trabalhador urbano, mas estou muito familiarizado com a cidade, por isso mantenho o que escrevi.)

Ainda assim e apesar de tudo, ele insiste em chamar o intervalo das 10h às 18h de "o dia", como se as dez horas antes disso e as seis horas seguintes não passassem de prólogo e epílogo. É óbvio que essa atitude, por mais inconsciente que seja, acaba com o interesse nas outras dezesseis horas. Mesmo que ele não as desperdice, ele não as conta; elas as vê apenas como margem.

Essa atitude comum não tem nenhuma lógica e não é saudável, já que enfatiza mais um período específico e uma série de atividades que essa pessoa quer apenas "ultrapassar" e "dar por terminadas". Se alguém faz com que dois terços de sua vida se submetam a apenas um terço dessa maneira, embora admita que não tenha o mínimo prazer nessas horas, como espera usufruir uma vida plena e completa? Impossível.

Se esse homem típico deseja viver intensamente, deve ter em mente que precisa ajustar um dia dentro do dia. Esse dia teoricamente extra, que pode ser comparado às bonequinhas russas, uma dentro de outra maior, precisa começar às 18h e terminar às 10h. Seria um período de dezesseis horas em que não se tem nada mais a fazer além de cuidar do corpo, da alma e dos amigos.

Nesse tempo, ele é livre, não um assalariado preocupado com seu sustento, mas igual àquele que vive de renda. É de suma importância que a postura seja essa. O sucesso da vida desse homem (muito mais importante do que todo o patrimônio que ele possui, sobre o qual teria de pagar impostos federais) depende disso.

Como é? Você está dizendo que toda a energia despendida nessas dezesseis horas vai desvalorizar as oito de trabalho? Claro que não. Ao contrário, vai valorizá-las. Um dos pontos principais que esse homem típico precisa aprender é que a mente pode ser submetida a atividades difíceis e contínuas, pois não se cansa como um braço ou uma perna; tudo o que ela quer é mudança, não descanso – com exceção do sono.

Agora vou examinar o modo como o homem típico utiliza as dezesseis horas que são inteiramente suas, iniciando pelo seu despertar. Vou apenas indicar as coisas que ele faz e que eu acho que poderiam ter sido excluídas, adiando minhas sugestões de

> **"O erro maior e mais grave que nosso homem típico comete em relação a sua jornada diária é a postura que assume; ela vicia e enfraquece dois terços de suas energias e interesses."**

como "plantar" as horas a serem liberadas da mesma forma que um colono abre caminho na selva.

Sendo justo, devo dizer que ele perde bem pouco tempo antes de sair de casa às 9h10 da manhã. Em muitas casas a rotina é acordar às 9h, tomar café da manhã entre 9h07 e 9h09min30s e sair correndo. No entanto, assim que bate a porta da frente, sua mente incansável fica inerte. Ele caminha para a estação em um estado de coma mental. Ao chegar, precisa esperar o trem. Toda manhã, em centenas de estações suburbanas, há pessoas andando de um lado para outro da plataforma com toda a calma, enquanto as empresas ferroviárias não têm nenhum pudor em lhes roubar tempo, que é mais valioso do que dinheiro. Todos os dias, centenas de milhares de horas são desperdiçadas desse jeito, pelo simples motivo de que esse homem típico quase não pensa no tempo e nunca cogitou tomar precauções simples para não se arriscar a perdê-lo.

Ele possui uma moeda de tempo sólida para gastar todo dia; vamos chamá-la de moeda de ouro. Precisa trocá-la, e ao fazê-lo se contenta com uma grande desvalorização.

Vamos supor que, ao lhe vender a passagem, o funcionário do guichê diga: "Podemos trocar sua moeda de ouro, mas cobraremos uma taxa"; como o homem típico reagiria? Isso equivale aos cincos minutos que a empresa de transporte rouba de seu tempo duas vezes por dia.

Você pode supor que estou me atendo a minúcias. Estou mesmo. Mais adiante me justifico.

Agora, você poderia fazer a gentileza de comprar logo seu jornal e entrar no trem?

O JOGO DE TÊNIS E A ALMA IMORTAL

"... É HORA DE IR PARA A CAMA."

V océ embarca no trem de manhã com seu jornal e calma e majestosamente rende-se à leitura sem pressa, pois sabe que tem pelo menos meia hora de margem de segurança pela frente para chegar ao destino. Ostenta um ar de tranquilidade enquanto passeia o olhar indolente pelos anúncios e manchetes das páginas de rosto do jornal, rico em tempo como se fosse um ser de algum planeta onde se tem 124 horas por dia, e não apenas 24. Sou um ávido leitor de jornais. Leio cinco ingleses e dois franceses, e só os vendedores das bancas sabem quantos semanários compro com regularidade. Sinto-me obrigado a revelar esse detalhe pessoal para não ser acusado de ser contra jornais quando digo que sou contra esse tipo de leitura no trajeto para o trabalho. Os jornais são produzidos em um ritmo frenético, e devem ser lidos na mesma velocidade. Não há espaço na minha programação diária para jornais. Leio quando posso e em momentos estranhos, mas não deixo de ler. A ideia de dedicar a um jornal trinta ou quarenta minutos consecutivos de uma maravilhosa solidão (pois não existe outro lugar mais perfeito para imergir dentro de si mesmo do que um vagão lotado de pessoas silenciosas, reservadas e fumantes)

para mim é repugnante. Não posso permitir que você desperdice preciosas pérolas de tempo com essa calma oriental. Você não é o xá do tempo. Com todo o respeito, devo lembrar que seu tempo é igual ao meu. Nada de ler jornal no trem! Só com isso já "reservamos" três quartos de hora para utilizar melhor.

Você chega ao escritório, e lá vou abandoná-lo até as 18h. Sei que você deve ter uma hora (muitas vezes, na prática, uma hora e meia) no meio do dia. Menos da metade desse tempo é dedicado ao almoço, mas permitirei que você o gaste como preferir. Boa hora para ler o jornal.

Voltamos a nos encontrar no final do expediente. Você está pálido e cansado. Pelo menos é o que dirá sua mulher, e você dará a entender que ela tem razão. Durante a volta do escritório, a sensação de cansaço foi se acumulando aos poucos. Aliás, essa sensação paira sobre os grandes bairros da cidade como uma pesada nuvem melancólica, especialmente no inverno. Você não se senta para comer logo que chega ao restaurante, e, mais ou menos em uma hora, sente que poderia beliscar alguma coisa. E é o que acontece. Depois fuma bastante, encontra amigos, pinta cerâmica, joga cartas, flerta com um livro, percebe que a velhice está chegando, sai para passear, acaricia o piano... Nossa! Já são 23h15. Em seguida, você gasta uns quarenta minutos pensando em ir para a cama, talvez depois de uma dose de um bom uísque. Por fim, recolhe-se, exausto do dia de trabalho. É bem provável que tenham se passado seis horas ou mais desde sua saída do escritório, tempo que se esvaiu como um sonho, desapareceu como um passe de mágica e não foi contabilizado.

Esse é um bom exemplo, mas você pode dizer: "Falar é fácil. A pessoa estará cansada de fato. Precisa encontrar os amigos e não pode estar sempre no limite de suas energias". Tem razão. Mas o que acontece quando você se programa para ir ao teatro (especialmente com uma bela companhia)? Na certa corre para casa, não poupa esforços para ficar muito bem em roupas bacanas, pega correndo outro trem para a cidade, permanece em seu limite por quatro, senão cinco horas, acompanha a pessoa até em casa e vai embora. Nesse caso, você não gasta três quartos de hora "pensando" em ir para a cama, vai e pronto. Os amigos e o cansaço foram esquecidos, e a noite pareceu estranhamente longa (ou talvez curta demais)! Lembra-se de quando o persuadiram a entrar para o coro amador de ópera e você ficou escravo do compromisso a cada duas noites durante três meses? Não se pode negar que, quando temos um bom programa noturno, no qual gastaremos toda a nossa energia, a expectativa nos deixa animados, e o dia inteiro adquire um brilho extra.

Sugiro que às 18h você encare os fatos e admita não estar cansado (não está, e você sabe disso); organize sua noite e não a interrompa na metade para jantar. Assim sobrará um intervalo de pelo menos três horas. Isso não quer dizer que seja preciso empregar sua energia mental durante esse período todas as noites de sua vida. Minha sugestão é começar com uma hora e meia em noites alternadas, estimulando a mente com alguma atividade importante e consecutiva. Restarão ainda três noites para encontrar os amigos, jogar bridge ou tênis, cuidar da casa, ler, pintar cerâmica ou participar de alguma competição esportiva. Você ainda ficará com a incrível fortuna de 45 horas entre as 14h de sábado e as 10h da manhã de segunda-feira. Se persistir, logo terá vontade de passar quatro noites, quem sabe cinco, empenhado em algum esforço contínuo para se sentir realmente vivo. Além disso, perderá a mania de resmungar, às 23h15, que "é hora de ir para a cama". A pessoa que começa o processo de ir se deitar quarenta minutos antes de abrir a porta do quarto está entediada, ou seja, não está vivendo direito.

Lembre-se de que, no começo, aqueles noventa minutos noturnos três vezes por semana devem ser os mais cruciais do que os 10.080 totais, e precisam ser tão sagrados quanto um ensaio teatral ou uma partida de tênis. Em vez de dizer: "Desculpe, meu amigo, não podemos nos encontrar porque tenho que correr para o clube de tênis", você deve dizer: "… preciso trabalhar". Admito que isso seja muito difícil. Um jogo de tênis é muito mais imprescindível do que a alma imortal.

BOA NOITE

RESPEITANDO A NATUREZA HUMANA

"É CERTO QUE AS PESSOAS DEVERIAM TER MAIS TEMPO PARA CUIDAR DE SI MESMAS."

Mencionei casualmente o intervalo imenso de 48 horas que existe entre a saída do trabalho às 14h no sábado e a volta às 10h na segunda-feira. Agora, vamos discutir se a semana deve ter seis ou sete dias úteis. A minha tinha sete dias até meus quase quarenta anos. Alguns conhecidos de mais idade e mais experientes sempre me informavam que era possível trabalhar e viver mais em seis dias por semana.

Tanto isso é verdade que hoje, com um dia livre na semana sem precisar me esforçar para nada, a não ser durante as atividades de momento, valorizo muito mais o descanso semanal. No entanto, se tivesse que reorganizar minha vida, faria a mesma coisa. Apenas aqueles que viveram no limite de suas forças os sete dias da semana durante muito tempo conseguiram apreciar a beleza ímpar do ócio recorrente. Além do mais, estou envelhecendo. E é mesmo uma questão de idade. Para aqueles que esbanjam juventude, energia e desejo de trabalhar, eu não hesitaria em aconselhar que continuem trabalhando todos os dias.

Contudo, eu aconselharia a média dos trabalhadores a se restringirem à sua agenda normal, quero dizer, à superagenda de seis dias por semana. Podem prolongá-la apenas se desejarem, e considerem esse tempo extra como uma renda inesperada e incomum; dessa forma vocês poderão voltar à rotina de seis dias sem a sensação de estarem mais pobres ou de terem retrocedido.

Vamos analisar em que ponto estamos. Até agora salientei o resgate das horas desperdiçadas – pelo menos meia hora durante seis manhãs e uma hora e meia à noite, perfazendo o total de sete horas e meia por semana.

Sugiro que nos contentemos com essas sete horas e meia por enquanto. "Como assim?", alguém pode protestar. "Você finge que nos mostrará como viver mais e considera apenas sete horas e meia de um total de 168?! Por acaso pretende fazer milagre com esse pequeno intervalo de tempo?" Bem, não querendo atenuar o assunto, estou… posso explicar, se você tiver a gentileza

de permitir! Em outras palavras, peço que experimente, apesar de ser algo natural e explicável, e parecer mesmo um milagre. Estou convicto de que o pleno uso dessas horas agilizará sua vida durante a semana, acrescentará uma dose de entusiasmo e aumentará seu interesse nas atividades mais triviais. Você faz exercícios físicos por meros dez minutos de manhã e à noite, e se surpreende quando sua saúde física e sua força melhoram a cada hora do dia, sem contar que sua aparência inteira muda. Por que então se admira de que uma média de mais de uma hora dedicada à mente por dia enriquece de forma permanente e completa toda a sua atividade mental?

É certo que as pessoas deveriam ter mais tempo para cuidar de si mesmas. Quanto maior for o tempo, melhores os resultados em iguais proporções. Mas prefiro começar com um suposto esforço insignificante.

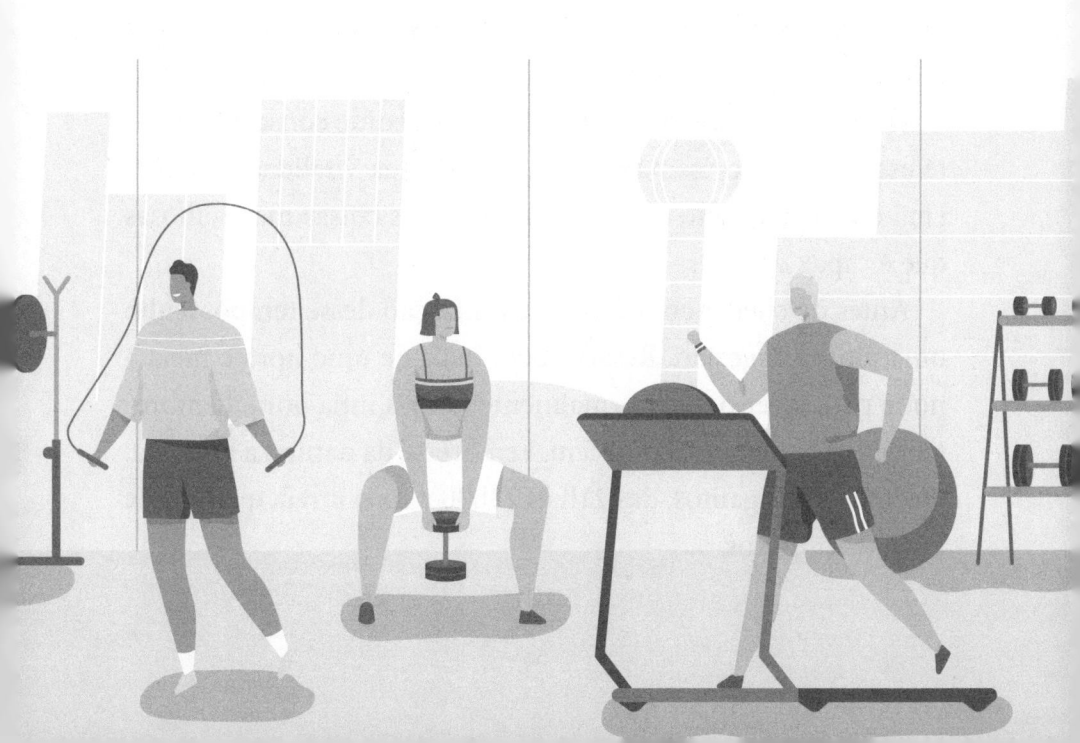

Na verdade, não se trata de nada tão banal assim para quem ainda não o experimentou. Até mesmo "abrir um caminho" de sete horas e meia na selva não é fácil. É preciso fazer algum sacrifício. O tempo pode ter sido desperdiçado, mas, por mais mal conduzido que tenha sido, você o usou. Fazer algo fora da rotina significa alterar os hábitos.

E como isso é difícil! Sem contar que qualquer variação, mesmo que seja para melhor, vem sempre acompanhada de retrocessos e inconveniências. Ledo engano imaginar que seja possível investir sete horas e meia em um esforço sério e contínuo e ainda continuar vivendo como antes. Repito que é necessário fazer algum sacrifício e ter uma boa dose de força de vontade. Por conhecer a dificuldade e o efeito quase desastroso do fracasso dessa empreitada, aconselho com toda a sinceridade que comece de forma bem humilde. É preciso proteger o autorrespeito, raiz de toda a determinação; o fracasso de uma missão bem planejada pode feri-lo gravemente. Por isso reitero: comece com calma e sem muito alarde.

Depois de três meses, quando tiver concedido conscientemente essas horas por semana ao cultivo de sua vitalidade, poderá então falar mais alto e enumerar para si as coisas maravilhosas que é capaz de fazer.

Antes de chegar ao método de utilização desse tempo, tenho uma última sugestão. Reserve bem mais de uma hora e meia à noite para fazer o que normalmente levaria uma hora. Lembre--se de que acidentes acontecem. Lembre-se da natureza humana. Dedique-se, digamos, das 21h às 23h30 a uma tarefa que levaria noventa minutos.

CONTROLE DA MENTE

"O CONTROLE DA MENTE É O ELEMENTO BÁSICO DE UMA EXISTÊNCIA COMPLETA."

As pessoas costumam dizer que não conseguem segurar os pensamentos. Mas isso é possível, sim. Nossa máquina de pensar é controlável. Como nosso cérebro é responsável pelo nosso prazer ou dor, é de suma importância estar no comando desse órgão misterioso. Esse é um dos mais antigos chavões, mas também uma verdade profunda e premente que muitos passam a vida sem entender. Várias pessoas reclamam de falta de concentração, sem saber que podem adquirir esse poder, se for essa a sua vontade.

E sem poder de concentração, quero dizer, sem força para ordenar ao cérebro o que fazer e garantir obediência, é impossível viver como se deve. O controle da mente é o elemento básico de uma existência completa.

Sendo assim, acho que a primeira tarefa do dia deveria ser acertar o ritmo da mente. Você cuida do corpo por dentro e por fora, arrisca-se bastante para se depilar, emprega um exército de pessoas, do leiteiro ao açougueiro, a fim de subornar o estômago para funcionar direito. Por que não dedicar um pouco de atenção às engrenagens muito mais delicadas da mente, já que precisará de ajuda extra? Em benefício da arte de viver bem, reservei o intervalo de tempo entre sair de casa e chegar ao escritório.

"O quê? Quer dizer que preciso cultivar minha mente na rua, na plataforma, no trem e novamente na rua abarrotada de gente?"

Isso mesmo. Nada mais simples! Não requer nenhuma ferramenta! Nem mesmo um livro. Mas isso não é fácil.

Quando sair de casa, concentre-se em um assunto (não importa qual, para começar). Depois de ter andado dez metros, sua mente já voou na sua frente, distraída com outro assunto, sem você ter percebido.

Traga-a de volta pela orelha. Até chegar à estação, você terá repetido o processo pelo menos quarenta vezes. Não se desespere. Continue. Mantenha o ritmo. Você vai conseguir. Não há como fracassar se insistir. É inútil fingir que você é incapaz de se concentrar. Lembra-se de quando recebeu aquela carta preocupante que exigia uma resposta muito bem escrita? Como manteve a mente focada na resposta sem desviar a atenção um segundo sequer até chegar ao escritório e se sentar no mesmo instante para escrever? Nesse caso, você foi estimulado pelas circunstâncias e atingiu tal nível de vitalidade que lhe permitiu dominar a mente como um tirano. Não havia tempo a perder. Você insistiu na necessidade de escrever, e a tarefa foi cumprida.

Praticando a concentração com regularidade (para a qual não existe outro segredo além da perseverança), você pode ser um tirano com sua mente (e essa não é a sua tarefa mais elevada) todas as horas do dia, independentemente do lugar onde esteja.

O exercício é bem oportuno. Não duvido de que você chamaria a atenção se embarcasse no trem pela manhã levando um par de pesinhos para se exercitar e uma enciclopédia de dez volumes para estudar. Mas, se estiver andando na rua, ou sentado num canto da condução, ou fumando cachimbo, ou viajando de metrô, em pé, segurando na barra, ninguém saberá que está empenhado na atividade mais importante do seu dia. Que ignorante rirá de você?

Não importa o assunto no qual estiver pensando, contanto que esteja concentrado. O que importa é a mera disciplina das engrenagens do pensamento. Se bem que você pode muito matar dois coelhos com uma cajadada e pensar em alguma coisa útil. Minha sugestão, nada além disso, é ler algumas frases de Marco Aurélio ou Epiteto.

Imploro que não se sinta intimidado por esses nomes. Digo por mim: não conheço nada mais "atual", que transborde puro bom senso, utilizável na vida diária de pessoas comuns como você e eu (que odeiam ares, poses e bobagens) do que a literatura desses filósofos. Leia um capítulo – e como são curtos os capítulos! – à noite e concentre-se nele na manhã seguinte. Você vai ver.

É isso mesmo, meu amigo, é inútil tentar maquiar os fatos. Consigo ouvir seu cérebro reagir tão alto quanto a campainha de um telefone no meu ouvido. Imagino que esteja pensando:

"Esse sujeito estava indo muito bem até este capítulo. Conseguiu despertar meu interesse de leve, porém essa história de pensar no trem, de se concentrar, não é para mim. Pode até dar certo para alguém, mas comigo, não".

Sou bem enfático ao repetir que, com você, sim. Você é exatamente a pessoa a quem me dirijo.

Se não aproveitar o conselho, desperdiçará a ideia mais preciosa que já lhe foi oferecida. E não é minha, mas das pessoas mais sensíveis, práticas e teimosas que já pisaram na face da Terra. Estou apenas passando uma dica de segunda mão. Experimente. Assuma o controle da sua mente e veja como o processo cura metade dos males da vida, em especial aquela doença miserável, revogável e vergonhosa: a preocupação!

DISPOSIÇÃO PARA REFLETIR

"HOMEM, CONHECE-TE A TI MESMO."

exercício de concentração (ao qual se deve dedicar ao menos uma hora por dia) é apenas uma preliminar, uma escala de piano, por exemplo. Depois de ter conquistado esse poder sobre o órgão mais desobediente do complexo organismo humano, o próximo passo é obrigá-lo a trabalhar em seu benefício. Não adianta ter uma mente obediente se você não a aproveitar ao máximo. Indico um extenso curso básico sobre o assunto.

Todas as pessoas sensíveis de qualquer idade nunca duvidaram do conteúdo desse curso. E não pode ser considerado literatura, arte, história e nem ciência. Trata-se de um estudo sobre si mesmo. Homem, conhece-te a ti mesmo. Essas palavras são tão batidas que fico sem graça de repeti-las, mas são importantes. (Retiro meu constrangimento, envergonhado.) Digo em voz alta: Homem, conhece-te a ti mesmo. Esta é uma daquelas frases cujo valor todos conhecem, mas apenas os mais inteligentes a colocam em prática. Não sei por quê. Estou inteiramente convencido de que o que mais falta na vida do homem comum bem-intencionado de hoje é disposição para refletir.

Não raciocinamos direito. O que quero dizer é que não pensamos muito sobre coisas importantes de fato, por exemplo: a questão da nossa felicidade, que rumo principal devemos tomar, o que a vida está nos proporcionando, até que ponto a razão influencia (ou não) a determinação de nossas atitudes e a relação entre nossos princípios e conduta.

Mesmo assim você busca a felicidade, não é? Já a encontrou?

É provável que ainda não. São grandes as chances de que a essa altura você acredite que a felicidade é inalcançável. Mas existem pessoas felizes. Elas perceberam que a felicidade não surge da busca pelo prazer físico ou mental, mas do pleno desenvolvimento da razão e da adequação da conduta aos princípios.

Imagino que você não terá a audácia de negar isso. E se já o admitiu e ainda não dedica parte do seu dia a prestar muita atenção ao seu lado racional, aos princípios e à conduta, deve reconhecer também que, enquanto luta por algum objetivo, acaba deixando de lado o mais importante a fazer para alcançá-lo.

E agora, quem deve ficar constrangido, eu ou você?

Não tenho intenção de chamar sua atenção para certos princípios. No nosso contexto, não ligo para quais sejam. Eles podem induzi-lo a acreditar que é certo roubar. Não importa. Insisto apenas no fato de que a vida seria ínfima se não fosse guiada por princípios, e para tanto é preciso conscientizar-se diariamente, refletir e executar as resoluções. A angústia que atormenta os ladrões é saber que seus princípios são contra o roubo. Se eles realmente acreditassem na primazia moral do furto, a sentença penal significaria apenas alguns anos de felicidade na cadeia;

todos os mártires são felizes porque sua conduta condiz com seus princípios.

A razão (base da conduta ligada à construção dos princípios) tem um papel muito menos relevante em nossa vida do que imaginamos. Devemos ser razoáveis, mas somos mais instintivos. E quanto menos refletirmos, menos razoáveis seremos. Na próxima vez em que se irritar com o garçom porque seu bife passou do ponto, volte à razão e conscientize-se de que o garçom, além de não ser o responsável pelo seu prato, não tinha controle sobre seu preparo, e, mesmo que tivesse, você não teria ganhado nada com o confronto, mas perderia a dignidade, pareceria um grosso diante de pessoas distintas e estragaria o dia do garçom, além de o bife continuar exatamente como estava.

O resultado dessa consulta à razão, aliás, gratuita, será que da próxima vez em que sua carne assar demais, você tratará o garçom como um semelhante, permanecendo calmo e gentil, e com toda a educação insistirá para que o bife seja trocado. O ganho será óbvio e concreto.

Livros impressos (bem baratos em sebos) podem ser de muita ajuda no processo de construção ou modificação dos princípios. No capítulo anterior, mencionei Marco Aurélio e Epiteto. É claro que nos lembraremos de mais algumas obras bem conhecidas. Posso também citar Pascal, La Bruyère e Emerson. Você nunca me verá viajando sem meu volume da obra de Marco Aurélio. Sim, os livros são valiosos. Mas nenhuma leitura substitui o olhar fixo no reflexo do espelho ao examinarmos diariamente nossas atitudes recentes ou futuras (por mais desconcertante que isso seja). Quando essa tarefa simples e importante deve ser executada? O retorno solitário para casa me parece adequado para tanto. A disposição para refletir é natural depois do esforço de ter garantido o sustento diário.

É claro que, se em vez de se empenhar nessa tarefa elementar e tão crucial você preferir ler o jornal (que poderia ter sido lido durante a espera pelo jantar), não tenho mais o que dizer. Mas em alguma hora do dia você terá que refletir.

Agora vamos tratar do horário noturno.

INTERESSE NAS ARTES

"Não é crime não gostar de literatura, nem sinal de burrice."

M uitos se rendem à preguiça noturna por acreditarem que não há alternativa a não ser estudar literatura, mesmo que não gostem. Isso é um grande erro.

Não tenho dúvida de que é impossível, senão muito difícil, estudar o que quer que seja sem a ajuda de livros. Mas, se seu desejo for entender as complexidades da construção de pontes ou navios, seu desinteresse por literatura não o impedirá de consultar o que houver de melhor sobre esses assuntos. No entanto, é preciso distinguir entre o que é literatura e o que não é. Tratarei desse tema mais adiante.

Agora devo salientar que quem nunca leu Meredith tem todo o direito de não querer discutir se Stephen Phillips é um verdadeiro poeta ou não. Não é crime não gostar de literatura, nem sinal de burrice. Os eruditos ordenarão a execução sumária do desafortunado que não compreende, digamos, a influência de William Wordsworth ou de Alfred Tennyson. Isso seria um atrevimento. Gostaria de saber como ficariam esses grandes literatos se alguém lhes pedisse para explicar que obras influenciaram a *Sinfonia patética* de Tchaikovsky.

Existem vastos campos de conhecimento além da literatura que trazem resultados magníficos aos cultores. Por exemplo, já que citei a peça musical mais popular da classe alta inglesa, lembro que os Promenade Concerts começam em agosto. Você assiste, fuma seu charuto ou cigarro (lamento que você risque um fósforo durante os acordes suaves da abertura da ópera de Wagner, *Lohengrin*) e aprecia a música. Mas você diz que não sabe tocar piano, rabeca ou banjo, ou seja, não conhece nada de música.

Qual é o problema? Seu gosto legítimo por música fica comprovado quando você e seus amigos fazem parte de uma plateia lotada, cientes de que o regente é obrigado a proporcionar programas que quase não incluem músicas ruins (uma mudança desde os tempos do Covent Garden!).

Convenhamos que sua incapacidade de executar *The Maiden's Prayer* ao piano não o impedirá de se familiarizar com a formação da orquestra, a cujas apresentações você comparece algumas noites por semana durante meses! Sem muita informação, você deve imaginar que uma orquestra seja um aglomerado heterogêneo de instrumentos que produzem uma profusão de sons agradáveis e confusos. Você não distingue os detalhes porque não treinou os ouvidos para isso.

Se alguém perguntar que instrumentos tocam o tema principal do começo da *Sinfonia nº 5 em dó menor*, duvido que você responda. Mesmo assim, admira a melodia, e nunca deixará de se emocionar ao ouvi-la. Você chegou a conversar sobre essa sinfonia com aquela moça, sabe de quem estou falando. E sua única certeza é de que a *Sinfonia nº 5 em dó menor* foi composta por Beethoven e é "uma melodia bacana".

Mas se tivesse lido, digamos, o livro de Krehbiel, *How to Listen to Music* (Como ouvir música) – que pode ser adquirido em qualquer livraria por um bom preço e que inclui fotos de todos os instrumentos de uma orquestra e de planos dos arranjos –, você se surpreenderia com o modo como seu interesse se ampliaria quando fosse ao próximo concerto. Em vez de um aglomerado confuso de instrumentos, você veria a orquestra como de fato é: uma organização maravilhosamente equilibrada, em que os vários grupos de músicos têm funções diferentes e indispensáveis. Você prestaria atenção nos instrumentos e distinguiria seus respectivos sons. Saberia o abismo que separa uma trompa francesa de uma inglesa e entenderia a razão de o músico que toca oboé ser mais bem remunerado do que um violinista, apesar de que tocar violino é muito mais difícil. Você viveria o concerto, enquanto antes apenas existia em um estado de coma divina, como um bebê encantado com um objeto brilhante.

As fundações do conhecimento musical verdadeiro e sistemático precisam ser cimentadas. Você pode se restringir a um tipo particular de música (a sinfonia, por exemplo) ou à obra de um compositor específico. Ao final de um ano de 48 semanas, com três breves noites em cada, destinadas à escolha da programação e a ir a concertos escolhidos com base no seu crescente conhecimento, você poderá dizer que sabe alguma coisa de música, apesar de ainda estar longe de dedilhar *The Maiden's Prayer* no piano.

"Mas odeio música!", você pode dizer.

Eu o respeito, caro senhor.

O que se aplica à música vale para outras artes também. Eu poderia citar o livro de Clermont Witt sobre como apreciar um quadro, ou o de Russel Sturgis sobre como julgar a arquitetura, para começar (um mero começo) um aproveitamento sistemático do conhecimento em outras artes. Existe um vasto material de estudo à disposição.

"Detesto todo tipo de arte!"

Prezado senhor, eu o respeito mais ainda.

Lidarei com o seu caso a seguir, antes de chegar à literatura.

Nada na vida é monótono

"NÃO É PRECISO DEDICAR-SE ÀS ARTES NEM À LITERATURA PARA VIVER PLENAMENTE."

A arte é uma coisa magnífica, mas não a maior. O mais importante de tudo é a percepção contínua de causa e efeito – em outras palavras, a concepção do desenvolvimento contínuo do universo, ou ainda o curso da evolução. Quando uma pessoa consegue se convencer da verdade absoluta de que nada acontece por acaso, ela estará ampliando não apenas a mente, como também o coração.

É chato ter o relógio roubado, mas, se considerarmos que o ladrão é fruto de sua hereditariedade e do ambiente, o que é tão interessante quanto cientificamente compreensível, compraremos outro relógio, não com tanta alegria, mas pelo menos seguindo uma filosofia que impossibilita a amargura. Segundo o estudo de causa e efeito, a pessoa perde aquele ar absurdo que muitos assumem ao se chocarem e se aborrecerem com as curiosidades da vida. Pessoas assim agem de acordo com sua natureza humana, como se a natureza humana fosse um país estrangeiro repleto de costumes diferentes e horríveis. Ao chegar à maturidade, elas deviam se envergonhar de serem estrangeiras em uma terra estranha!

Enquanto diminui as amarguras da vida, o estudo de causa e efeito agrega valor à beleza da vida. Aqueles que acham que a evolução não passa de um nome enxergam o mar como um espetáculo grandioso e monótono, observado durante uma viagem barata de terceira classe durante o verão.

Por sua vez, as pessoas conscientes do conceito de desenvolvimento e da continuidade das causas e efeitos entendem o oceano como um elemento que no relógio geológico anteontem era vapor, ontem estava em ebulição e amanhã inevitavelmente se transformará em gelo.

Sabem que o estado líquido é apenas uma etapa para o sólido e percebem a imensa particularidade e mutabilidade do caráter pitoresco da vida. Nada proporcionará uma satisfação mais duradora do que a admiração constante desse fato. Esse é o objetivo de todas as ciências.

A ciência de causa e efeito se aplica a tudo. Os aluguéis subiram em Shepherd's Bush, o que foi chocante e lamentável. Contudo, até certo ponto, somos todos estudantes dessa ciência. Não há um funcionário sequer, durante seu almoço no restaurante Lyons, que não tenha somado dois e dois e concluído que a ferrovia subterrânea, que já teve passagem barata, gerou uma demanda excessiva de casas populares no bairro, causando a alta dos preços.

"Simples!", você dirá com desdém.

Quando é possível somar dois e dois, tudo, o complexo movimento do universo inteiro, é de fato simples assim. E, meu caro senhor, talvez você seja um corretor de imóveis, odeie arte, deseje alimentar sua alma imortal e não consiga se interessar pelo seu trabalho, por ser muito monótono.

Saiba que nada é monótono.

A grande e mutável beleza da vida é maravilhosamente mostrada numa corretora de imóveis. Como assim? É simples: o tráfego estava bloqueado na Oxford Street; para evitá-lo, as pessoas começaram a circular pelos porões, o que resultou no aumento dos aluguéis em Shepherd's Bush! E você ainda diz que isso não é pitoresco? Vamos imaginar, por exemplo, que, com esse mesmo espírito, você começasse a estudar a questão patrimonial em Londres durante uma hora e meia em noites alternadas. Isso não traria um incentivo extra ao seu trabalho, transformando sua vida inteira?

Você enfrentaria problemas mais difíceis e saberia explicar, com base na causa e no efeito, por que a maior rua em linha reta de Londres tem cerca de 1,6 quilômetro de extensão, enquanto a maior de Paris tem 1,9 quilômetro. Se for corretor de imóveis, creio que você concordará que esse não foi o melhor exemplo da minha teoria.

A vastidão dos hábitos e dos cenários diários está à disposição para satisfazer as curiosidades da vida, e essa satisfação revela um coração compreensivo.

Você trabalha em banco e ainda não leu aquele romance de tirar o fôlego (disfarçado de estudo científico) de Walter Bagehot, *Lombart Street*. Ah, meu caro senhor, se começasse a ler e continuasse durante noventa minutos a cada duas noites, seu trabalho ficaria mais interessante, e você compreenderia muito melhor a natureza humana.

Você está "preso na cidade", mas ama viajar para o campo e observar a natureza, diversão que alegra seu coração. Por que não atravessa a porta de casa de chinelos à noite, vai até a lâmpada a gás mais próxima e observa a vida das mariposas comuns voando ao redor, estuda seu comportamento e por fim acaba aprendendo alguma coisa?

Não é preciso dedicar-se às artes nem à literatura para viver plenamente.

A vastidão dos hábitos e dos cenários diários está à disposição para satisfazer as curiosidades da vida, e essa satisfação revela um coração compreensivo.

Prometi lidar com o seu caso, senhor que detesta artes e literatura, e cumpri. Agora chegamos ao caso daqueles, felizmente muito comuns, que "gostam de ler".

LEITURA
SÉRIA

"... O MAIS IMPORTANTE NO CULTIVO DA MENTE É JUSTAMENTE A SENSAÇÃO DE ESFORÇO..."

R omances não serão considerados "leitura séria", por isso aconselho quem estiver empenhado em aperfeiçoar seus conhecimentos, dedicando noventa minutos de seu tempo três vezes por semana a estudar as obras de Charles Dickens, que mude de ideia. Não que os romances não sejam sérios – parte da melhor literatura mundial está em ficção em prosa –, mas não se deve ler romances ruins, e os bons nunca exigem muito empenho mental do leitor. Apenas as partes ruins dos romances de Meredith são difíceis. Um bom romance conduz o leitor na mesma velocidade de uma canoa na correnteza de um rio, e ele talvez chegue ao final sem fôlego, mas não cansado. Os melhores romances exigem o mínimo esforço. Lembremos que o mais importante no cultivo da mente é justamente a sensação de esforço, de dificuldade em executar uma tarefa, que gera a mesma ansiedade tanto para terminar quanto para desistir. Um romance não causa essa sensação. Você não cerra os dentes para ler *Anna Karênina*. É importante ler romances, contanto que não seja durante esses noventa minutos.

A poesia imaginativa exige um esforço mental maior do que a leitura de romances, talvez por ser considerada a forma mais elevada da literatura, e exige um empenho grandioso. Ler poesia gera enorme prazer e proporciona grandes lições de sabedoria. Em resumo, não existe nada comparável. Digo isso com a triste consciência de que a maioria das pessoas não lê poemas.

Acredito que se muitas pessoas de bem tivessem que escolher entre ler o poema *Paraíso perdido* e dar a volta no Trafalgar Square de joelhos ao meio-dia com um saco pesado nas costas, optariam pela humilhação pública. Mesmo assim, eu nunca deixaria de recomendar a amigos e inimigos que leiam poesia antes de qualquer outra coisa.

Se a poesia for tão incompreensível e difícil para você, comece com a leitura do famoso ensaio de Hazlitt sobre a natureza da "poesia em geral". É o que há de melhor em inglês, e ninguém que o tenha lido continua com a ideia equivocada de que poesia seja uma tortura medieval, um elefante enlouquecido ou uma arma que atira sozinha para todo lado. De fato, é difícil imaginar o estado mental de alguém que tenha lido o ensaio de Hazlitt e não esteja ávido para ler um pouco de poesia antes da próxima refeição. Se for esse o seu caso, sugiro que comece com a poesia puramente narrativa.

Existe um romance inglês escrito por uma mulher, muito mais refinado do que qualquer livro de George Eliot ou das irmãs Brontë, ou mesmo de Jane Austen, que é provável que você não tenha lido. Estou me referindo a *Aurora Leigh*, de Elizabeth Barrett Browning. Por acaso foi escrito em verso e contém uma quantidade razoável de boa poesia genuína. Leia esse livro inteiro, mesmo que isso signifique a morte para você. Não pense que é poesia. Leia apenas pela história e pelas ideias sociais. Quando terminar, seja bem sincero e questione-se se ainda não gosta de poesia. Conheço mais de uma pessoa que leu *Aurora Leigh* e descobriu que sua ideia preconcebida sobre poesia estava totalmente errada.

É claro que, se depois de ler Hazlitt, você tiver plena certeza de que é avesso à poesia, é melhor se contentar com livros de história ou filosofia. Vou me arrepender, mas não estou inconsolável. O livro *Declínio e queda do Império Romano* não deve ter o mesmo nome de *Paraíso perdido*, embora seja uma obra de extrema beleza. Os *Primeiros princípios*, de Herbert Spencer, debocham das afirmações da poesia e se recusam a ser aceitos como nada menos que o mais majestoso produto de qualquer mente humana.

Não vejo razão para que qualquer pessoa de inteligência média, depois de um ano de leitura contínua, não esteja apta a mergulhar nas maiores obras-primas de história ou filosofia. O mais conveniente das obras-primas é que são assustadoramente lúcidas.

Não indico nenhum livro em especial para começar. A tentativa seria inútil, considerando até onde posso chegar neste livro, porém tenho duas sugestões gerais e importantes. A primeira é definir a direção e a finalidade de seus esforços. Escolha um período limitado, um assunto determinado ou um único autor. Diga a si mesmo: "No final aprenderei alguma coisa sobre a Revolução Francesa ou sobre o aumento da malha ferroviária, ou sobre a obra de John Keats".

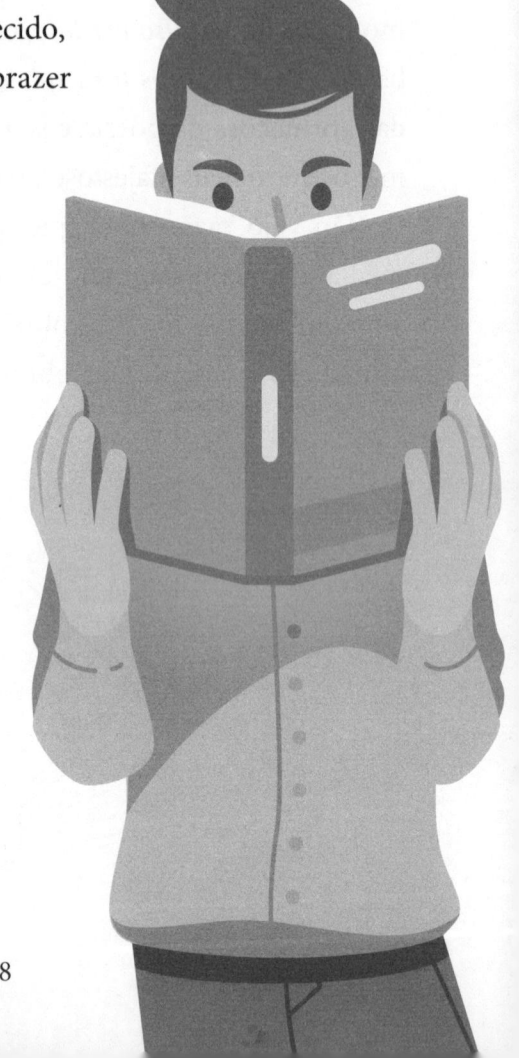

Durante o período preestabelecido, restrinja-se à sua escolha. É um prazer imenso ser um especialista.

A segunda sugestão é pensar enquanto lê. Conheço gente que não para de ler, mas, apesar de todo o bem que a leitura causa, talvez exija o mesmo esforço que passar manteiga no pão. Essas pessoas iniciam uma leitura com a mesma facilidade com que outros começam a beber. Voam pelos campos da literatura tendo o movimento como único objetivo. Elas dirão quantos livros terminaram em um ano.

A menos que você dedique 45 minutos a uma reflexão criteriosa e exaustiva (muito enfadonha no começo) sobre o que estiver lendo, terá desperdiçado seus noventa minutos noturnos. Isso significa que seu ritmo será lento.

Não se preocupe.

Esqueça o objetivo; pense apenas no campo que o rodeia, e, depois de um tempo, talvez quando menos esperar, descobrirá que foi transportado a um adorável vilarejo na montanha.

PERIGOS

"O MAIOR PERIGO CONSISTE EM CULTIVAR A PRESSA..."

Não posso terminar essas dicas, de vez em quando talvez demasiado didáticas e abruptas, sobre o melhor aproveitamento do tempo de vida (que não é o mesmo que vegetar) sem me referir rapidamente aos perigos que espreitam os que aspiram a uma vida plena.

O primeiro perigo terrível é se tornar o pior e mais insuportável tipo de pessoa, o arrogante. O pretensioso é aquele que assume ares de sabedoria suprema, um tolo pomposo que desfila, em vez de caminhar normalmente, sem perceber que perdeu parte importante de sua indumentária, o senso de humor. É uma pessoa entediante, fica impressionado quando faz uma descoberta e é capaz de se chatear muito ao perceber que ninguém compartilha de seu entusiasmo. É fácil e fatal tornar-se um arrogante sem perceber.

Dessa forma, ao começar a missão de aproveitar todo o tempo possível, é preciso lembrar que cada um é dono de seu tempo; é com esse material que se deve lidar: saber que o planeta já girava antes de você começar a equilibrar seu orçamento de horas, e continuará girando solenemente do mesmo jeito, quer seu papel de novo administrador dessa fortuna de horas tenha sucesso ou não. É melhor você não sair propagando aos quatro ventos o que está fazendo e não fingir tristeza profunda diante do espetáculo do desperdício diário e deliberado de horas promovido por outras pessoas, razão pela qual não aproveitam a vida ao máximo. No final das contas, você descobrirá que cuidar da própria vida é o melhor a fazer.

Outro perigo é acorrentar-se à rotina como um escravo a uma carroça. Você não deve permitir que a rotina dite sua vida. Ela deve ser respeitada, e não venerada como algo sagrado. A programação de esforços diários não é uma religião.

Isso é óbvio. Ainda assim, conheço pessoas cuja vida é um fardo para si mesmas e um peso angustiante para os parentes e amigos, simplesmente por não serem sensíveis ao óbvio.

"Ah, não!", ouvi uma esposa martirizada exclamar. "O Arthur sempre leva o cachorro para passear às oito horas e começa a ler às quinze para as nove. Por isso está fora de questão que possamos…, etc., etc." O tom decisivo da voz queixosa revela a insuspeita e ridícula tragédia de uma carreira.

Por outro lado, uma programação não é nada além disso. E, a menos que seja encarada com a devida deferência, não deixará de ser uma piada de mau gosto. Tratá-la dessa forma e viver com uma flexibilidade moderada não são questões tão simples, como podem parecer aos inexperientes.

O maior perigo consiste em cultivar a pressa e ficar cada vez mais obcecado em cumprir a próxima tarefa. Dessa forma, acabaríamos aprisionados e não seríamos mais donos de nossa própria vida. Uma pessoa pode levar o cachorro para passear às 8h e pensar o tempo todo que precisa começar a ler às 8h45, e que não pode se atrasar.

A quebra ocasional e deliberada da rotina não ajudará a solucionar os problemas. O mal não nasce da persistência inflexível em cumprir uma agenda, mas da tentativa de fazer coisas demais e assim preencher todo o tempo possível. A única cura é refazer a programação e tentar limitar as tarefas.

Mas o apetite pelo conhecimento cresce à medida que é alimentado, e existem pessoas que passam a gostar da premência de um esforço contínuo. A elas digo que é melhor a pressa incansável do que a eterna indolência.

De qualquer forma, se a rotina tender a ser opressiva, mas você não quer modificá-la, um excelente paliativo é passar de uma tarefa a outra com uma grande determinação. Por exemplo, gaste conscientes cinco minutos em um silêncio mental perfeito entre prender o cachorro e abrir o livro.

Já me referi ao último e principal perigo, e gostaria de relembrá-lo: o risco de fracassar logo no começo de uma tarefa.

Insisto nisso.

O fracasso imediato pode muito bem eliminar o impulso recém-nascido rumo à vitalidade completa, e a fim de evitá-lo devem-se tomar todas as precauções. Não se deve exigir demais desse impulso. O ritmo da primeira volta tem de ser absurdamente lento, mas o mais regular possível.

E, depois de ter decidido cumprir uma tarefa, execute-a a todo custo, apesar do tédio e da aversão que ela possa provocar.

O ganho de autoconfiança por ter cumprido um trabalho cansativo é imenso.

Por fim, ocupe suas horas noturnas apenas com o que gosta de fazer, seguindo sua inclinação natural.

É bom ser uma enciclopédia ambulante de filosofia, mas se por acaso você não gostar da matéria e preferir a história dos pregões dos antigos mercadores de rua londrinos, deixe a filosofia de lado e fique com os pregões.